유다정 글
아이들의 지적 호기심을 채워 주기 위해, 올바른 지식을 재미있게 알려 주기 위해 늘 노력합니다. 2005년 창비 '좋은 어린이책' 기획 부문 대상을 받았습니다. 지은 책으로 『붉은 뱀이 사계절을 만든다고?』, 『뱀이 하품할 때 지진이 난다고?』, 『발명, 신화를 만나다』, 『투발루에게 수영을 가르칠 걸 그랬어!』, 『세계와 반갑다고 안녕!』, 『난 한글에 홀딱 반했어!』, 『명품 가방 속으로 악어들이 사라졌어』 등 여러 권이 있습니다.

조은정 그림
대학에서 회화를 전공하고 다수의 전시회와 해외 레지던시를 거친 순수화가입니다. 『레나의 비밀일기』, 『나 좀 살려 주세요, 우리 형이 사춘기래요!』, 『엄마의 볼로네즈 소스는 참 쉽다』 등의 표지 그림으로 어린이책에 입문했으며, 그린 책으로는 『붉은 뱀이 사계절을 만든다고?』, 『뱀이 하품할 때 지진이 난다고?』, 『해는 희고 불은 붉단다』가 있습니다.

천둥새의 날갯짓이 바람이라고?

초판 인쇄 2017년 6월 20일
초판 발행 2017년 6월 20일

글쓴이 유다정
그린이 조은정
감수자 윤미연
펴낸이 남영하

편집 장미연 **디자인** 박규리 **마케팅** 주영상

종이 세종페이퍼 **인쇄** 미광원색사 **제본** 신안문화사

펴낸곳 ㈜씨드북 **등록** 제2012-000402호
주소 03997 서울시 마포구 월드컵로16길 52-23
전화 02) 739-1666 **팩스** 0303) 0947-4884
홈페이지 www.seedbook.kr **전자우편** seedbook009@naver.com
인스타그램 instagram.com/seedbook_publisher
페이스북 facebook.com/seedbook.kr **카카오스토리** story.kakao.com/seedbook

ISBN 979-11-6051-087-4 77450
      979-11-6051-079-9 (세트)

이 책은 저작권법에 따라 보호받는 저작물이므로 무단 전재와 무단 복제를 금지하며,
이 책 내용의 전부 또는 일부를 이용하려면 반드시 저작권자와 ㈜씨드북의 서면 동의를 받아야 합니다.

제품명: 천둥새의 날갯짓이 바람이라고? **제조자명:** ㈜씨드북
주소: 서울시 마포구 월드컵로16길 52-23 **전화번호:** 02-739-1666
제조국명: 대한민국 **제조년월:** 2017년 6월 **사용연령:** 6세 이상

KC마크는 이 제품이 공통안전기준에 적합하였음을 의미합니다.
⚠주의: 종이에 베이지 않게 주의하세요.

책값은 뒤표지에 있습니다. 잘못 만들어진 책은 구입하신 서점에서 바꾸어 드립니다.

이 도서의 국립중앙도서관 출판예정도서목록(CIP)은 서지정보유통지원시스템 홈페이지(http://seoji.nl.go.kr)와 국가자료공동목록시스템(http://www.nl.go.kr/kolisnet)에서 이용하실 수 있습니다.
(CIP제어번호: CIP2017010004)

SEED MAUM
㈜씨드북의 뉴스레터 SEED MAUM을 구독하시면 다양한 신간 정보와
독자 여러분을 위해 준비한 특별한 콘텐츠들을 받아 보실 수 있으며,
구독자만을 위한 각종 이벤트에도 참여하실 수 있습니다.
http://bit.ly/2jF0Jlv

글 ⓒ 유다정 2017, 그림 ⓒ 조은정 2017

천둥새의 날갯짓이 바람 이라고?

유다정 글 | 조은정 그림 | 윤미연 감수

씨드북

어 어 어!
휙 불어온 바람에 종이가 차르르 날아가네.
도대체 바람은 왜 부는 걸까?

옛날 그리스 사람들은 바람 신 아이올로스 때문이라고 생각했어.
아이올로스는 공중에 둥둥 떠 있는 섬에서 아들딸과 함께 사는데
바람을 자루에 담아 두는 능력을 가지고 있지.
아이올로스가 바람이 가득 담긴 자루를
살짝 열면 바람이 살살,
활짝 열면 바람이 쌩쌩 휘몰아친단다.
아이올로스를 화나게 하면 안 돼!
"폭풍아 불어라!" 이러면 큰일이잖아.

미국 인디언들의 생각은 달랐어.
인디언들은 하늘 꼭대기에 사는 천둥새 때문이라고 여겼거든.
천둥새는 악마와 싸워 이길 수 있는 신성한 새인데,
이 새가 날개를 퍼덕이면 바람이 솔솔 불고
퍼드덕하면 바람이 휘이이잉 분다고 믿었거든.
또 천둥새가 울면 우르르 쾅쾅 천둥 소리가 난다고 믿었어.
이 세상에 바람이 끊이지 않는 걸 보면 천둥새는 쉬지 않고 날개를 퍼덕이나 봐.
좀 힘들겠다.

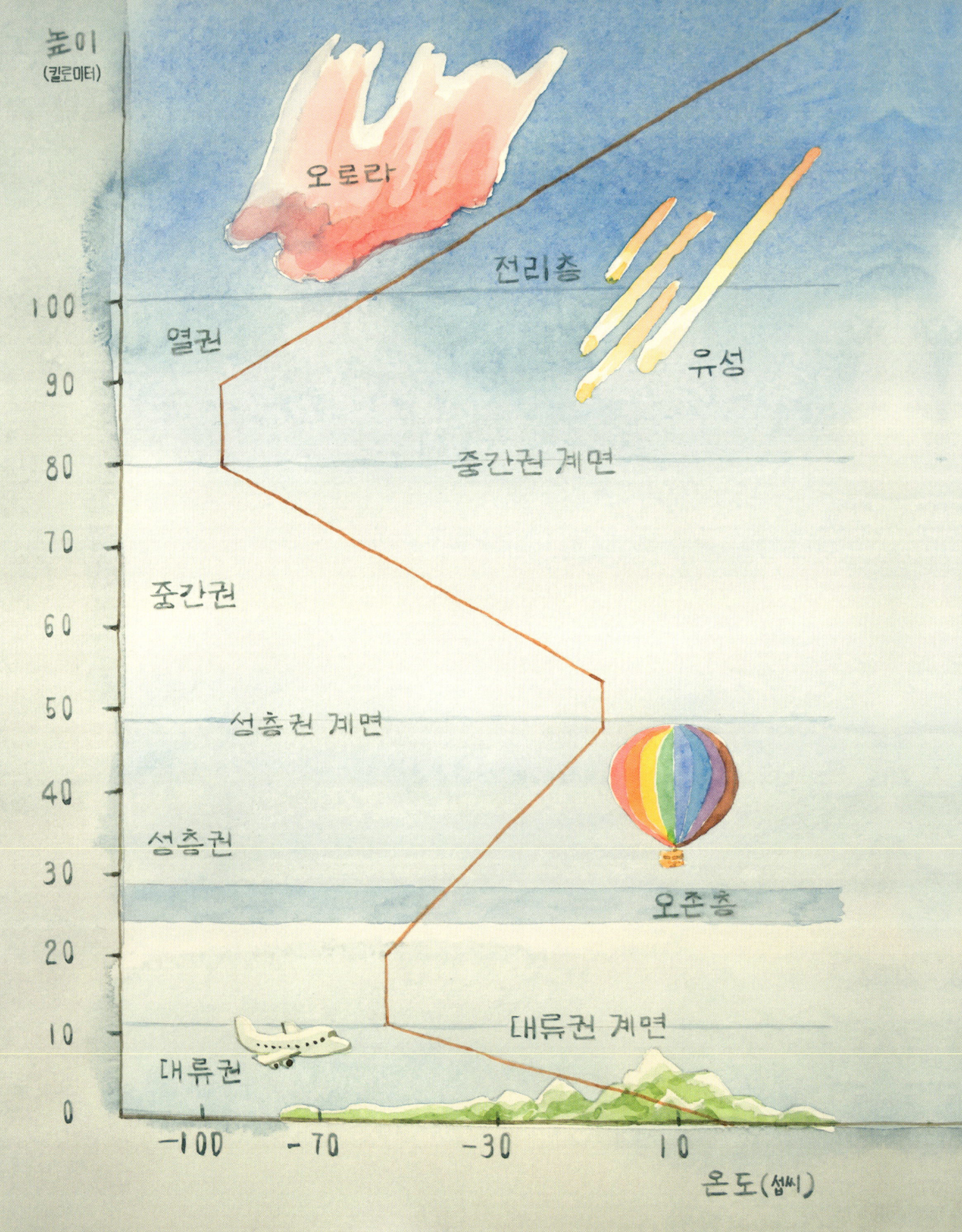

오랜 시간이 지난 뒤 과학자들은 이렇게 말했어.
"바람은 공기가 움직이는 것이다!"
우리가 숨을 쉴 때 몸속으로 들어오는 공기 말이야.
그렇다면 공기는 뭐길래, 왜 움직이는 걸까?
공기는 눈으로 볼 수도 없고, 만질 수도 없어서
"어, 여기 공기가 있네!" 이렇게 느끼기는 어려워.
하지만 공기는 이 세상 어디에나 있어.
그래서 바람도 어디에서나 부는 거야.
지구 전체를 둘러싸고 있는 공기는 무게도 있고,
온도에 따라 크기도 달라져.

공기 알갱이들은 추운 곳에서는
옹기종기 모여들어 얌전히 지내.

더워질수록 활발히 움직이느라
서로 멀리 떨어져 있고.

찬 공기와 더운 공기가 만나면

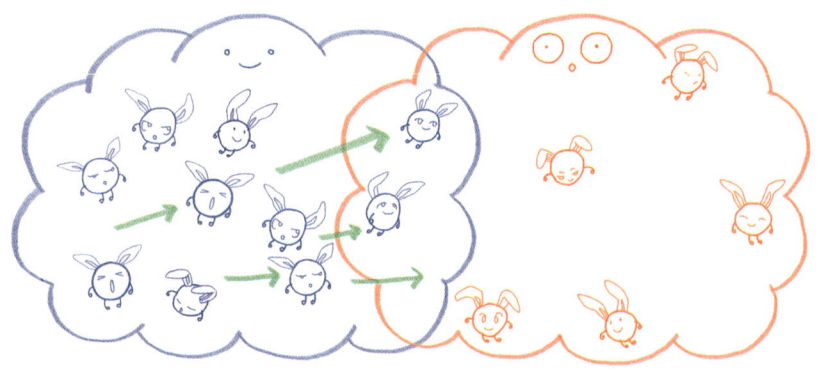

비좁게 지내던 찬 공기 알갱이들이 빈자리가 많은 더운 공기 쪽으로
움직이는데, 이게 바로 바람이야.

공기도 무게가 있다고?
물론이야. 풍선을 불어서 재 봐도 좋아.
그런데 우리는 왜 공기의 무게를 느끼지 못할까?
공기는 이쪽저쪽 위아래에서 똑같이 서로 밀고 잡아당기기 때문이야.

구름을 움직이는 것도 바람이야.
바람이 구름을 몰고 오면 날이 흐려지고 비가 내리기도 하지.
반대로 바람이 구름을 몰고 가면 해가 쨍쨍 맑은 날이 돼!
그러니까 바람은 날씨도 바꿀 수 있는 거야.

있잖아, 하늘 높은 곳에는 항상 서쪽에서 동쪽으로 부는 바람이 있어.
바로 편서풍. 다른 이름은 제트 기류.
이 제트 기류가 얼마나 빠른지 몰라.
덕분에 우리나라에서 미국 가는 비행기는 쒸잉 빨리 날아갈 수 있지.
제트 기류가 비행기 꽁무니를 힘껏 밀어 주거든.
하지만 올 때는 제트 기류가 비행기 앞을 막아서서 갈 때보다 두 시간이나 더 걸린단다.

잔잔한 바다에 바람이 불어 물결이 출렁이면 파도가 생겨.
그럼 바다에 떠 있는 배도 출렁거리지.
바람이 세지면 파도가 높아져서
바다 위를 항해하는 배가 위험에 빠져.
파도 때문에 바닷속으로 가라앉을 수도 있거든.
"바람아, 멈추어다오!"
저절로 이렇게 빌게 되겠지.

핑글핑글 소용돌이치며 하늘로 거세게 오르는 바람을 본 적 있니?
이런 바람을 토네이도라고 해.
이 바람은 힘이 엄청나게 세서 자동차도 빨아들이고, 집도 산산조각 내.
사람이 빨려 올라가서 다치거나 죽기도 하는 정말 무서운 바람이야.
다행히 우리나라에는 토네이도가 잘 생기지 않아.
하지만 여름이 되면 바다에서 만들어진 강력한 태풍이 자주 불어와.

태풍이 불면 사과와 배가 우수수 떨어지고
가로수가 뿌리째 뽑혀 나뒹굴고 유리창이 쨍그랑 깨질 수도 있어.
지붕도 날아갈 수 있고.
비를 많이 내리게 해서 집이 물에 잠기거나 논밭이 물에 잠기기도 하지.

태풍이 불면 어떻게 해야 할까?

태풍이 불 때는 밖에 나가지 않는 게 좋아.
단단히 매달려 있던 간판이 센 바람엔
흔들흔들 흔들리다 떨어질 수 있거든.
쓰레기가 마구 날아다닐 테니 다칠 수도 있어.
그러니까 집 안에서 창문을 꽁꽁 잠그고 있어야 해.
창문이 바람에 흔들려 와장창 깨질 수 있거든.
문이란 문은 모두 고리를 꼭꼭 걸어.
창문에 가위표로 테이프를 붙여 놓으면 더 좋아.

그런데 바람의 세기는
어떻게 알까?

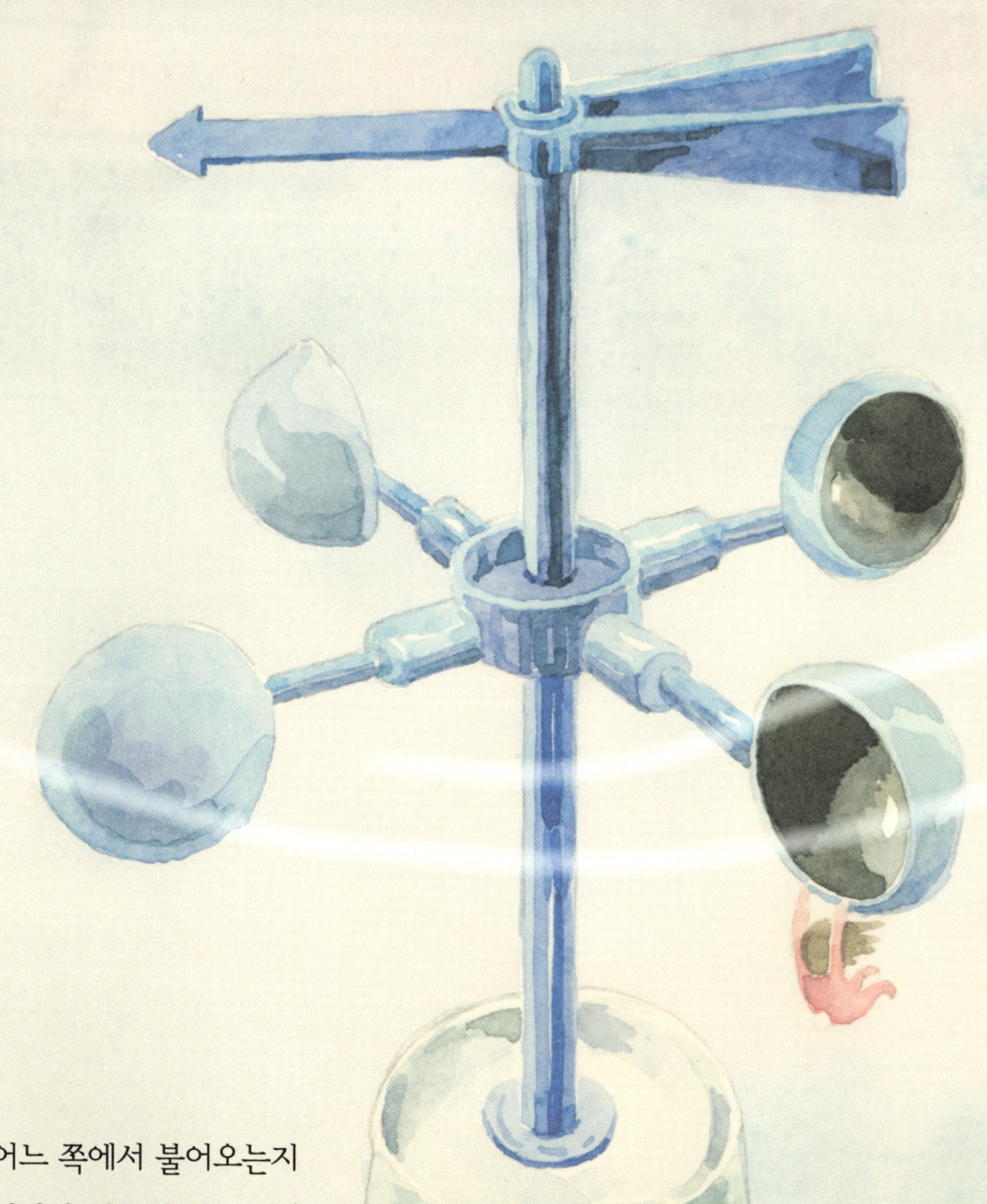

바람이 어느 쪽에서 불어오는지
세기는 얼마나 되는지 알고 싶을 땐 풍속 풍향계를 사용해.
더 정확히 알고 싶으면 흔들림을 잴 수 있는 첨단기기를 이용하고.
이런 기기들 덕분에 바람이 불어오는 방향이나 세기를 알 수 있고,
어느 쪽으로 불어 갈 것인지 짐작할 수 있단다.
그럼 큰 피해가 나지 않도록 미리미리 준비할 수 있지.
직접 풍속 풍향계를 만들어 바람을 관찰해 보는 건 어때?

바람이 불지 않으면 어떻게 될까?

민들레 홀씨도 날리지 못하고, 철썩거리는 파도도 볼 수 없을 테지.

새들이 하늘을 훨훨 날기도 어려울 거야.

나뭇잎이 사르르 흔들리는 것도 볼 수 없겠지.

그뿐이겠어?

돛단배도 멈추고, 깃발도 나부끼지 않고, 여름에는 무지 덥고.

무엇보다 한번 더러워진 공기는 깨끗해지기 어려울 거야.

그럼 누가 교실에서 방귀를 뀌면 구린내가 오래도록 풍길 텐데……